N° 101 "Pages actuelles" 1914-1918

Le Dieu allemand

PAR

Denys COCHIN
de l'Académie française, Ministre d'État

BLOUD ET GAY, ÉDITEURS
PARIS - BARCELONE

Le
Dieu allemand

"Pages actuelles"
1914-1918

Le Dieu allemand

PAR

Denys COCHIN
de l'Académie française, Ministre d'Etat

BLOUD & GAY
Editeurs
PARIS, 3, Rue Garancière
Calle del Bruch, 35, BARCELONE
1918

Le Dieu Allemand

Une Déformation
de la Pensée Religieuse (1)

Messieurs,

La guerre nous a tous éprouvés; et ses coups ne nous permettent pas de faire des projets. Il y a deux mois, j'avais pensé vous entretenir de la dernière semaine de juillet 1914; j'avais étudié les textes et m'étais mis en présence de ce drame, dans toutes ses phases. Mais j'ai pensé qu'aujourd'hui ce drame vous était trop bien connu.

Vous avez voulu le revivre, tout récemment, et vous vous en êtes rappelé tous les détails, lorsque les grands Allemands, le chancelier Bethmann-Hollweg, puis l'empereur, ont essayé de détourner de leur tête l'épouvantable responsabilité. La Russie, a dit alors Bethmann, refusa la médiation proposée par Sir Edward Grey. Ce qui est faux. Il y

(1) Conférence prononcée, le mardi 27 avril 1915, aux Galeries Georges Petit, et publiée dans la revue *La Renaissance.*

a une dépêche de M. Sazonoff qui dit : « Nous acceptons cette médiation, si notre conversation avec l'Autriche n'aboutit pas. Mais laissez-nous faire ; les choses sont en bonne voie. » Et, en effet, le 31 juillet (n'eût été l'intervention brutale de l'Allemagne), la paix était faite entre la Russie et l'Autriche !

L'empereur a dit : « Toute la faute pèse sur l'Angleterre. Elle se préparait à la guerre. Nous le savions. » Ce qui est encore contraire à la vérité historique. Le 24 juillet, par la bouche de l'ambassadeur Buchanan à Saint-Pétersbourg, l'Angleterre déclarait le contraire. Elle ne voulait pas courir un risque de guerre, à cause de la Serbie. Elle n'y songeait pas. Elle renouvela cette déclaration le 30 juillet : c'est Sir Francis Bertie qui la porta à l'Elysée où le Président venait de débarquer.

Et c'est seulement le 4 août, quand la Belgique est envahie, que l'Angleterre se décide. Les hommes d'Etat allemands s'y attendaient si peu, que la nouvelle les surprend et les consterne. Vous avez tous lu la dépêche si dramatique de M. Goschen ; l'ambassadeur d'Angleterre à Berlin voit tour à tour le sous-secrétaire d'Etat Zimmermann, le ministre Jagow, le chancelier Bethmann. Ils sont dans la stupeur. — Oui, dit Jagow, nous allons en Belgique : c'est une question de vie ou de mort! Zimmermann, vieux juriste, s'écrie : « Vous partez, monsieur l'ambassadeur, est-ce donc la guerre ? — Vous savez ces choses-là mieux que moi, monsieur Zimmermann : ayez donc soin de me répondre avant minuit. » Et l'ambassadeur entend et rapporte cette étrange parole : « Vous n'aurez cette réponse ni dans cette nuit, ni dans aucune autre nuit ! » Il va chez le chancelier Bethmann, homme grave et compassé : il trouve un furieux, gesticulant, arpentant sa chambre, criant : « Le traité ? Un chiffon de papier ! Votre parole ? Ah ! Vous voulez la tenir ? Avez-vous compté ce qu'il vous en coûtera ? » Et autres propos aussi odieux que déments.

L'ambassadeur rentre chez lui, attendant minuit. Alors, après la scène des ministres affolés, la tragédie se complète par deux nouveaux rôles : le peuple, qui brise les vitres à coups de pierres, et qu'une charge de police à cheval disperse brutalement ; et l'empereur qui, avec des injures, renvoie ses insignes de dignitaire de l'armée anglaise.

L'étonnement se montre chez tous ; ils avaient cru violer les traités, envahir les pays neutres impunément. Ils sont atterrés quand l'ultimatum de l'Angleterre leur parvient. Et, néanmoins, ils diront plus tard : « Nous savions, dès le début, qu'elle préparait contre nous la guerre ! »

Que signifie un pareil état d'âme? Comment expliquer ces violences et ces mensonges? Voilà ce que je veux maintenant examiner avec vous.

Il y a, dans les manifestations de la volonté humaine, des choses que nous comprenons, même quand nous les blâmons, et d'autres qui nous confondent. Il n'existe pas le moindre rapport entre le patriotisme, même quand il devient chauvin à Paris ou *jingo* à Londres, et le culte fanatique de *Deutschland über alles*, qui permet et ordonne même de violer les serments, de déchirer les traités, de commettre tous les crimes dans l'intérêt de l'Etat! Il y a là des choses que notre raison ne saisit pas : il lui semble que les esprits allemands se complaisent dans le rêve, et se racontent à eux-mêmes des romans dénués de toute observation, et nés de la fantaisie. Tantôt ils s'amusent à ressusciter la niaise mythologie d'Odin ou de Wotan; à inventer un théâtre rempli d'accessoires : anneaux, casques, épées magiques, où les cygnes, les dragons, les oiseaux font des discours, et où l'homme, imbécile et muet, n'est plus que l'agent d'une obscure fatalité!

Devant ce théâtre, nous fermons les yeux, et nous laissons seulement charmer par une musique délicieuse. Et tantôt ils se plaisent à acclamer la politique absurde de Treitschke, qui est à la portée de l'intelligence de Siegfried, et viendrait à l'appui du gouvernement de Wotan!

Une si profonde différence entre les esprits allemands et les nôtres ne provient pas d'une culture différente. Je crois que de ce mot de culture a été fait un grand abus. Non; ce ne peut être là un simple effet de méthodes d'enseignement différentes. Il y a eu une culture allemande; une Allemagne des pays rhénans, poétique et philosophique, que le prince de Bülow oppose, dans son important livre, à la Prusse agissante et brutale qui domine maintenant. Nous ne parlons que de cette dernière.

Voilà des hommes détachés de tout ce qui fait pour d'autres le charme et l'honneur de la vie : je veux parler de l'indépendance des caractères, de la liberté complète des idées, de l'honnête délicatesse des sentiments. Un homme élevé à l'école de Treitschke ou de Bernhardi ne peut, en aucune façon, passer pour un galant homme chez nous, un gentleman chez nos alliés. Cet homme-là s'est révélé pour moi, lors de l'incident de Saverne, dans la personne du lieutenant Von Forstner. C'est un furibond, un fanatique, dont toute la puissance d'action est tendue vers un seul objet : la domination. Il nous crie : *Deutschland über alles*. Et ce *Deutschland* est-ce une très antique glorieuse patrie? Non : c'est un système politique, de formation assez récente, une impitoyable entreprise de commerce et de guerre associés. Agir, servir, sans examiner les moyens, ni même le résultat final, est le seul devoir. Ils parlent de leur civilisation et de ses bienfaits qu'ils veulent répandre. Sommes-nous donc des ignorants, des barbares, et avons-nous besoin de cet apostolat meurtrier? Nous feront-ils croire que tout ce fanatisme s'enflamme en faveur de quelques méthodes d'éducation, de quelques habitudes d'esprit, qui sembleraient préférables?

Non : la culture intellectuelle et même l'intérêt matériel du commerce ne peuvent pas déchaîner de pareils transports et fermer les esprits à toute considération apaisante.

Ce qu'ils veulent, c'est vaincre, c'est dominer, c'est renouveler l'Empire romain. C'est *Regere imperio populos.*

Ils le veulent avec ferveur; avec la ténacité d'une passion religieuse. En effet, Messieurs, nous sommes en présence d'une secte redoutable; la religion de *Unzer Gott* est une violente, intolérante, étroite et fausse religion. Permettez-moi d'examiner avec vous, dans son origine et sa nature, l'état d'âme de nos ennemis.

Nier la sincérité du sentiment religieux chez les hommes, y voir l'effet d'impostures, dont le progrès des lumières nous délivre, est une opinion commode et superficielle, dont les philosophes de nos jours ne se contentent plus. Depuis le règne des Voltairiens, qui n'avaient pas toujours très bien lu Voltaire, Renan est venu, et ses récits de jeunesse, dans le trouble et la douleur de sa rupture avec l'Eglise, ont montré la plus profonde compréhension du sentiment qui réunit tant d'âmes autour d'elle. Herbert Spencer, Littré, reconnurent qu'il est des limites pour la science ; au delà de ces rivages, s'étend, disait Littré, un océan pour lequel nous n'avons ni barque, ni voile : l'Inconnaissable, suivant le mot de Spencer

Aujourd'hui, le panthéisme de Renan, l'Inconnaissable de Herbert Spencer, vagues explications d'un état d'âme si répandu, ne satisfont pas les psychologues. Le phénomène religieux a été solennellement affirmé par William James, si influent sur la pensée contemporaine. Vous connaissez tous l'auteur du Pragmatisme : doctrine issue de ce mot « juger l'arbre à ses fruits ». Cet Américain pénètre dans les plus hauts domaines de la métaphysique, son livre de comptes à la main, et procède à une estimation de la vérité suivant les bienfaits que l'humanité en reçoit. Il ne pouvait oublier la Religion : il y a là, ce n'est pas douteux, pour l'esprit de l'homme, un rendement considérable. Combien ont été réconfortés, relevés par elle et engagés à accomplir de grandes actions! Des exemples illustres sont cités à toutes les pages du livre de William James.

Comment donc sera expliqué ce phénomène positif? Les adieux mélancoliques de Renan ne suffisent plus : et pas davantage l'embarras où demeure Littré devant l'Inconnaissable.

La jeune école sociologique s'est mise à l'œuvre et propose une nouvelle solution. Elle nous a déjà enseigné que la Morale n'existe que dans la Société et par la Société. La Connaissance n'est pas davantage une propriété particulière de l'individu; le fait de connaître, d'user de notre raison est un avantage social. M. de Roberty avait soutenu cette thèse avant M. Durckheim. « Si la Raison n'est qu'une forme de l'expérience individuelle, écrit le professeur de la Sorbonne, il n'y a plus de raison. » Cela est fort juste : la raison est autre chose que l'expérience. Il ajoute que, d'autre part, si on reconnaît à la Raison les pouvoirs qu'elle s'attribue, mais sans en rendre compte, il semble qu'on la mette en dehors de la Nature et de la Science! Cruelle extrémité. Il conclut : « Admettons donc l'origine sociale des catégories : ainsi devient possible une nouvelle attitude, qui permet, croyons-nous, d'échapper à ces difficultés contraires. »

Social explique et arrange tout. C'est un mot magique. Et l'attitude qui permet d'échapper à tant de difficultés mérite qu'on l'étudie : « On dit d'une idée qu'elle est nécessaire quand, par une sorte de vertu interne, elle s'impose à l'esprit sans être accompagnée d'aucune preuve. » Cette définition est donnée par M. Durckheim. La vertu dont il parle est plutôt externe ; car il ajoute bientôt : « C'est l'autorité même de la Société, se communiquant à certaines manières de penser qui sont comme les conditions indispensables de toute action commune. » Ainsi, quand nous concevons le Temps et l'Espace ; quand nous distinguons l'unité de la pluralité ; quand nous disons : « Point d'effet sans une cause », nous n'usons pas de notre entendement individuel ; mais nous acceptons, nous subissons les conditions d'existence de la Société. Ces idées sont nécessaires pour nous, étant imposées par elle.

Voici des doctrines, vous le sentez déjà, Mesdames et Messieurs, qui sont tout près de faire éclore une religion nouvelle. Sans la Société, je ne puis ni penser, ni connaître, ni distinguer le bien du mal, ou le vrai du faux. On me permet encore d'agir, à condition que ce soit pour elle. Elle crée la justice, inconcevable en dehors des lois qu'elle édicte; et les vérités qui nous semblent nécessaires, ne le sont qu'en vertu de son autorité. Tout est prêt pour le nouveau culte; vous le voyez s'avancer. Avant d'en définir l'objet avec plus de précision encore et d'ouvrir les portes du nouveau temple, arrêtons-nous un instant et essayons de juger pourquoi ce nouveau culte trouve les Allemands très bien préparés.

J'ai toujours pensé, en lisant Kant, que ce philosophe était, pour les doctrines sociologiques modernes, un précurseur efficace. Il a, pour nous permettre d'atteindre la nouvelle attitude que recommande M. Durckheim, donné d'utiles indications. Le Relativisme diminue en effet notre confiance en nos propres ressources; il détruit, pourrions-nous dire, l'autonomie de l'individu. Nous ne pouvons jamais, suivant Kant, rien connaître des choses en soi; nous n'apercevons que le phénomène, réglé pour nous, apparence mise à notre portée : une pareille opinion, en ôtant aux objets de nos connaissances toute réalité absolue, leur laisse seulement une valeur de convention, une utilité sociale. Quand, par exemple, on enseigne qu'il n'y a pas d'espace, que l'espace n'est pas une réalité extérieure à moi, et est seulement la forme générale de mes perceptions extérieures : « Soit, pourra répondre un sociologue. — Mais comme la forme des perceptions de mes semblables est la même que celle des miennes, les choses se passent pour nous tous, comme si l'espace était une réalité. Et c'est, en effet, une réalité, mais seulement au point de vue social. »

Et ainsi de suite. Tout ce qui n'existe que par le fait de conventions humaines, ou même, en s'élevant plus haut, tout ce qui ne se produit que grâce à la nature et à la forme actuelle de l'esprit humain, tout cela ne conserve aucune réalité en dehors de la société des hommes. Toutes nos conceptions, toutes nos connaissances deviennent, entre nous, des valeurs d'échange, comparables à des billets de banque, mais non plus à des lingots d'or.

On sent, en se pénétrant de cette philosophie relativiste, augmenter l'importance de la Société, diminuer celle de l'individu. Kant analyse merveilleusement toutes les opérations de l'esprit ; ce sont des séries de phénomènes qu'il fait défiler devant nous, sans jamais poser et établir le sujet réellement existant. Il nous offre un admirable cours de procédure ; mais il ne nous place jamais en présence du plaideur en personne. L'organisation des faits intellectuels est étudiée abstraitement ; l'être, la personne humaine réellement existante, n'apparaît pas.

Mais laissons là le relativisme, qui, pour les doctrines sociologiques et étatistes, n'a été qu'une préface; et revenons à ces doctrines elles-mêmes.

Le grand ancêtre de la sociologie actuelle fut Thomas Hobbes. S'il faut l'en croire, nous n'existons que par nos appétits, qui veulent être satisfaits et nous portent à nous arracher les ressources qu'offre la nature; à nous entre-déchirer. L'état de guerre serait entre les individus l'état normal. S'ils veulent vivre en paix, il faut que chacun renonce à tout son pouvoir propre, et abdique en faveur d'un prince ou d'une assemblée qui disposera de la volonté générale. Tel est le Covenant par lequel Hobbes nous propose de nous lier, à la condition qu'un pareil lien oblige tous nos semblables. Tel sera aussi le *Contrat Social* de Rousseau, pure traduction de ce Covenant. Prince ou assemblée, cela importe peu. L'important, c'est l'abdication de l'individu : Hobbes rédige son *Covenant* en ces termes : « Je cède mon droit de me gouverner moi-même à cet homme, ou à cette assemblée d'hommes, à la condition que tu vas, toi aussi, lui céder ton droit et ratifier d'avance tous ses actes, de la même manière. » (Hobbes, *Léviathan*, ch. 17.) Et Rousseau nous propose comme il suit, son contrat · « Chacun de nous met en commun toute sa personne et toute sa puissance sous la suprême direction de la volonté générale et nous recevons encore chaque membre comme partie indivisible du tout. » (*Contrat Social*, ch. 6.) Le Covenant nous contraignait à être soumis; le Contrat, a dit Rousseau, nous force d'être libres. A part cela, Leviathan diffère peu du Tout indivisible.

Mais tel est le lien qui va nous attacher à l'Etat: voyons maintenant naître le culte.

Cela fait, continue Hobbes, la multitude confondue en une seule personne s'appelle Etat, en latin *civitas*. Et, avec des accents vraiment mystiques, il s'écrie: « Ainsi est engendré ce grand *Léviathan*, ou (pour parler avec plus de révérence) ce Dieu mortel, auquel — sous le Dieu immortel — nous devons notre paix et notre sécurité ! »

Cette fois le culte est institué; et ce que James appelle le phénomène religieux va recevoir une explication: « Il n'est pas douteux, enseigne M. Durckheim, qu'une société a tout ce qu'il faut pour éveiller dans les esprits... la sensation du divin. »

« De ce qu'il existe, si l'on veut — écrit le même auteur — une expérience religieuse, il ne s'ensuit aucunement que la réalité qui la fonde soit conforme à l'idée que s'en font les croyants. » Il en est de même pour d'autres expériences: la sensation de lumière a une cause objective, différente cependant de ce qu'elle apparaît à nos sens. Mais, vous avez bien entendu, le sentiment religieux s'adresse à un objet réel, extérieur à nous. « Le milieu dans lequel nous vivons nous apparaît comme peuplé de forces à la fois impérieuses et secourables, augustes et bienfaisantes. » Inclinons-nous donc et prions. Seulement, sachons nous dégager des anciennes erreurs, car « cette réalité que les mythologies se sont représentées sous tant de formes différentes, mais qui est la cause objective universelle et éternelle de ces sensations *sui generis* dont est faite l'expérience religieuse, c'est la Société ! »

La piété était un sentiment naturel et légitime; seulement elle s'était trompée d'adresse. Priez, humains, invoquez des puissances supérieures qui soulagent vos angoisses et vous réconfortent. Vous faites bien; vous ne vous trompez pas quand vous sentez venir un mystérieux secours. Seulement sachez, âmes naïves, hommes et femmes agenouillés dans les temples, à qui s'adressent vos vœux, et d'où vous vient le réconfort. Vous en êtes redevables à la puissance bienfaisante et partout répandue de la Société : un sociologue a dit qu'elle avait bien pu se manifester dans les langues de feu qui descendirent sur les apôtres, le jour de l'Epiphanie !

Mais j'ai eu tort de dire Religion nouvelle. Les Romains ont adoré leurs empereurs, ce qui était rendre un culte à la Société. M. Durckheim remonte plus haut : jusqu'aux âges primitifs de l'humanité, dont nous voyons dans l'Australie centrale quelques survivants. Les Arunta, les Warramunga qui savent à peine compter jusqu'à dix sur les doigts, se montrent dignes et clairvoyants précurseurs en matière religieuse : leurs totems, le kanguroo, le cacatoès, blanc ou noir, ne sont pas des divinités personnelles, mais bien l'expression du clan. Leur culte est rendu à la Société. Toutes les autres religions se sont trompées. C'étaient des mythologies. Mythologie, les *Méditations* de Descartes, les *Élévations* de Bossuet, les *Sources* du Père Gratry. Les Arunta, les Warramunga, par une chance extraordinaire, avaient vu juste. Le Totem était l'embryon de la religion véritable. Et maintenant, l'objet légitime de notre culte, c'est le Leviathan de Hobbes, c'est le Tout indivisible de Rousseau, c'est la Société, c'est l'Etat. On aime mieux dire la Société, ce mot témoignant de plus d'égards envers les hommes, et de moins de rigueur dans l'abstraction. Mais il s'agit bien du Dieu Etat.

En février 1913, d'éminents penseurs français étaient réunis au siège de la Société de Philosophie ; et la Religion nouvelle fut défendue et combattue avec éloquence et loyauté. Je n'ai gardé que quelques notes de cette mémorable discussion soutenue entre M. Durckheim, M. Le Roy, M. Lachelier; et je vous offre des souvenirs plutôt que des citations.

D'un côté on disait: « La Religion, c'est la force collective, pénétrant dans les consciences individuelles. Cette force collective est ce que vous appelez force morale. C'est un système de représentations et de sentiments élaborés par la collectivité et qui l'expriment. Ne voyez pas seulement dans le socialisme des juges et des gendarmes. Attendez de lui une synthèse nouvelle, incomparable, plus riche que celles d'où sont sorties les autres formes du réel; une synthèse d'esprits qui donne naissance à un esprit d'un genre nouveau. Sentez-vous tout ce qu'il y a de force créatrice dans l'effervescence mentale que produit toute vie collective? Si haute que soit votre idée de la religion, on ne peut dire que ceci n'explique pas cela! Société! Etre merveilleux! C'est Dieu, le Dieu mortel, disait Hobbes... On voit ainsi les Dieux naître du sein des foules. »

Non, répliquaient les adversaires, le Dieu auquel nous pensons n'est pas celui qui naît et qu'on adore dans les carrefours. La religion ignore et contredit le groupe: elle est un effort intérieur et, par suite, solitaire... Qu'est-ce que cette religion? « L'état d'un esprit qui veut et se sent supérieur à toute réalité sensible et qui s'efforce librement vers un idéal de pureté et de spiritualité hétérogène à ce qui constitue sa nature... L'âme religieuse se cherche et se trouve en dehors du groupe social, loin de lui, souvent contre lui. »

Messieurs, ceux qui, en dernier lieu, parlaient ainsi, me semblent avoir défendu la tradition française. Sur la pensée française, et je dirai aussi sur la formation de la Société française, personne n'a exercé plus d'influence que Descartes. Or, quelle est, au sortir du doute universel, la première réalité certaine aperçue par Descartes? c'est l'individu, c'est moi. *Je suis* est le fondement de toute sa philosophie. Il n'est pas un sauvage ni un ermite. Il a fréquenté les cours et les camps. Il revient un jour des fêtes données pour le couronnement de l'empereur. Mais au milieu des foules, la grâce sociale ne l'a pas touché; il ne s'est pas senti pénétré et transformé par cette force collective. C'est seulement quand il se sera isolé dans une petite ville d'Allemagne, où il ne connaît personne, enfermé dans un poète, qu'il dira: Je suis!

Ce *Je suis* de Descartes, n'est pas seulement le fondement d'une métaphysique, mais aussi d'une politique d'indépendance individuelle. L'Etat, quand les idées de Descartes l'emportent, comme en 1789, sur celles de Hobbes ou de Rousseau, n'est pas un être collectif, mais une collection d'individus libres. Sans doute, ils comprennent les obligations de la vie sociale, et essaient entre eux de les régler pour le mieux; mais ils n'ont pas abdiqué leur indépendance en vertu d'un contrat de suicide réciproque.

Suivant Hobbes, la liberté est propre à la république, à la cité, non aux individus. C'est ce que nous n'admettrons jamais en France: chacun de nous se considère comme une petite république, une petite cité indépendante en elle-même, quoique entretenant des relations avec les cités voisines. Qui règle ces relations? Les lois que nos mandataires discutent et votent. Ces lois ne créent pas la justice; personne de nous n'entretient de pareilles illusions. Elles s'approchent plus ou moins de la Justice. Le Juste, le Bien, le Vrai devancent et dépassent tous les Etats et tous les hommes. Ce sont, suivant Descartes et saint Anselme, les attributs de l'Etre parfait, dont la notion est dans nos esprits, et dont cette notion même affirme l'existence.

Je sais bien que tous les esprits ne suivront pas jusqu'au bout saint Anselme et Descartes. Je me garderai bien de recommencer devant vous leur démonstration d'un Etre éternel, infini, parfait, tout-puissant. Je suis bien loin ici de toute pensée de controverse. J'ai voulu seulement opposer le Culte de l'Eternel au Culte de l'Etat, le Dieu de Descartes au Leviathan de Hobbes.

En ce Leviathan, vous avez tous reconnu le *Unzer Gott* de Guillaume II. Vous vous rappelez comment le Professeur Ostwald a déclaré avoir été touché de la grâce sociale et lui devoir tout ce qu'il est : j'aurais pensé, quant à moi, qu'il devait beaucoup à la science française, à Wurtz, à Sainte-Claire Deville, et aussi au pragmatisme américain de James. Mais non. Le Professeur allemand, dévot de l'Empire, se croit inspiré par la grâce sanctifiante qui s'en dégage.

La religion de l'Etat, j'ai essayé de vous l'exposer, d'après les versions les plus récentes. Je vous dirai maintenant que cette courte religion me paraît très mal répondre aux besoins des âmes pieuses, et expliquer très mal le problème qu'elles soulèvent.

Il y aurait là une fâcheuse et dangereuse déformation de la pensée religieuse.

D'abord, le nouveau culte aurait un objet politique autant que religieux. C'est une théocratie, malgré ses prétentions à la science moderne, aussi impérieuse et absolue que les anciennes théocraties. C'est un niveau d'égalité dans l'asservissement, qui passera sur tous les caractères, quand les intelligences auront perdu la notion d'une justice éternelle, à la lumière de laquelle se jugent les lois, les assemblées ou les princes. C'est un anesthésique à l'usage des consciences, aussitôt que l'intérêt de l'Etat se manifestera. Treitschke, Bernhardi, ces brise-raison, Bethmann-Hollweg qui déchire les traités, sont des dévots de *Unzer Gott*.

Ce *Unzer Gott* est forcément multiple. Il en faudra inventer autant que d'Etats différents. Nous sommes loin ici de la Religion de l'Humanité, chère à l'éloquent et profond Pierre Leroux. *Unzer Gott* est le *totem* d'un clan ; et il existe plusieurs clans : le cacatoès, le kanguroo, et plusieurs totems. En Allemagne, ce Dieu est un véritable fonctionnaire : on est tenté de l'appeler : von Gott.

Le Dieu Etat, le Leviathan auquel ses dévots font le sacrifice de leur volonté individuelle, leur assure-t-il la paix, comme le promettait Hobbes ? Bien loin de là, il est l'auteur des guerres monstrueuses que personne n'eût même rêvées au temps de Hobbes, et qui précipitent les nations tout entières les unes contre les autres ! Les anciennes disputes féodales, les campagnes faites par des armées que dirigeaient quelques gentilshommes et que composaient quelques milliers de volontaires plus ou moins racolés — ne ressemblaient guère aux luttes contemporaines entre des millions d'hommes, munis d'effroyables engins : et l'aveugle religion de l'Etat entre pour beaucoup dans ces immenses catastrophes. Ce sont des phénomènes d'un caractère éminemment social. Il ne faut pas croire que cet adjectif s'applique seulement à des bienfaits.

J'ai encore à exposer d'autres défauts du dieu Etat. Il nous pousse avant tout à l'action. Un de ses dévots nous dit que la religion est un « élan à agir ! » Nous, disciples de Descartes, qui comptait sur la véracité divine, et estimait toute connaissance accessible par l'usage honnête et sincère de la Raison, nous croyons l'esprit de l'homme surtout fait pour apprendre : un champ indéfini est offert à ses recherches; et nous faisons beaucoup moins de cas de son action. Elle tourne dans le même cercle, elle est peu de chose. Qu'appelle-t-on homme d'action ? Le politique, le financier, le guerrier. Elançons-nous plutôt sur les traces du savant... Oui, si l'œuvre de Kant (le mot est de Renouvier) ne nous tenait pas suspendus entre la connaissance absolue et la connaissance empirique : l'une inaccessible et l'autre illusoire. Le Relativisme nous décourage de connaître et nous réduit à essayer d'agir.

Le docteur Faust — né en Allemagne et contemporain de la *Critique de la Raison*

Pure, efface, avec impatience, les mots : Au Commencement était le Verbe — et après quelque hésitation leur substitue : Au Commencement était l'Action ! Il renie, il maudit la science, objet de ses longues veilles.

Mais où le conduira l'Action? L'ironie de Gœthe poursuit impitoyablement cette dernière illusion humaine. La seconde partie du poème nous montre Faust devenu ce que nous disions : d'abord financier favori d'un Empereur, duquel les finances, suivant l'usage sont en désarroi : il les rétablit, au moins en apparence par des émissions de papier-monnaie. Puis, guerrier et politique : il s'empare de l'Empire, crée des Princes et des Chanceliers, domine la mer et la repousse, conquiert sur elle de vastes espaces. Dans une petite maison, sous des tilleuls, Philémon et Baucis recueillaient les naufragés (1). La maisonnette le gêne. Il l'a fait raser ainsi que les tilleuls, non sans écouter de fermes et vigoureux conseils de Méfistofélès, qu'on dirait extraits des œuvres de Clausewitz ou de Bernhardi.

Enfin, il parvient pour la seconde fois à l'extrême vieillesse. Aveugle, mais d'autant

(1) Ce passage était éloquemment commenté dans un bel article de M. Louis Bertrand, *Revue des Deux-Mondes*, mars 1915.

plus acharné à agir, il crie : « Debout, ô mes serviteurs ! A la bêche, à la pioche, à l'ouvrage ! Que l'œuvre s'accomplisse ! Je vous entends, agissez ! » Et le bruit qu'il perçoit, c'est celui des fossoyeurs et des menuisiers qui, dirigés par Méfistofélès, sont en train de creuser sa tombe et de clouer son cercueil !

Méditez, Messieurs, ces créations du génie de Gœthe. Pour moi, la vieillesse du premier Faust, solitaire et savante, me paraît, malgré ses découragements et sa mélancolie (quelle vieillesse n'en est pas atteinte?) plus noble et plus souhaitable, que ne le sont les derniers jours du second Faust, puissant, agité et toujours actif, mais aveugle. « Doux rayon de lune, disait le docteur Faust, qui traverse les vitraux peints et glisse sur la poussière de mes livres, que ne puis-je me fondre en toi et pénétrer le secret de la Nature? » L'homme de science a cherché tout au moins les chemins qui conduisent à l'éternelle vérité.

Mais quittez le Docteur et entrez dans le Palais de l'Empereur Faust. Aucun rayon de lune ne luira pour celui-là : cet aveugle couronné, croit bâtir toujours, et creuse sa fosse !

Le dieu Etat nous pousse à agir, à servir, plutôt qu'à essayer de comprendre et de connaître. Il regarde la terre, n'étant occupé que de choses contingentes et directement utiles. Comme il tourne le dos aux vraies lumières, il se croit maître, pour son usage de créer la justice et de promulguer la vérité : les croire éternelles, tâcher de s'élever au-dessus de toutes les puissances et de tous les Etats, pour les apercevoir et les révéler, c'est manquer, envers ce dieu, de confiance et de dévotion.

J'avais bien peur, Messieurs, de vous offrir un sermon au lieu d'une causerie. Je m'en gardais. Et voici que pour bien expliquer ma pensée je ne trouve rien de mieux que de citer un texte des Psaumes : excusez-moi.

A la religion de l'Etat, à cette déformation et à cet abaissement de la pensée religieuse, je me figure que les Psaumes du Roi David ont fait allusion, quand ils opposent le Dieu d'Israël, tout-puissant, élevé au-dessus de toutes choses « *qui in cœlis habitat et omnia quæ voluit fecit* » à ceux qu'ils appellent les dieux des nations. Que pouvait entendre l'auteur des Psaumes par « les dieux des Nations » ? Probablement les Amalécites, les Amorrhéens avaient aussi leur *totem*, leur *Unzer Gott*, leur Dieu-Etat. Et alors, que signifient ces mots : *Oculos habent et non vident, aures habent et non audiunt?* La traduction vulgaire : « Ils ne voient ni n'entendent, n'étant que des idoles de bois ou de métal » n'est pas la vraie. Le sens du Psaume est plus profond. Le Dieu-Etat n'est sensible qu'à ce qui touche et intéresse son propre culte : il n'a pas de regards, il n'a pas d'oreilles pour la justice et la vérité éternelles !

Tel ne sera jamais le Dieu adoré par la France.

Restons, Messieurs, fidèles à notre caractère national. En France, nous respectons l'indépendance de l'individu ; l'Etat est notre employé, nullement notre dieu. Ce culte-là vient d'Allemagne et nous ne tolérons aucune conquête, ni militaire, ni économique, ni métaphysique. J'ai parlé beaucoup de religion, ayant voulu faire connaître une curieuse doctrine, dont il m'avait semblé voir en Allemagne une application manifeste. J'ai opposé le Dieu de Descartes, l'Etre parfait, au Dieu-Etat, à *Leviathan*, à *Unzer Gott*. Mais je ne m'adresse pas seulement, vous l'entendez bien, aux esprits religieux. Je m'adresse aussi à de nombreux esprits, moins affirmatifs en matière théologique, mais également résolus à garder et à servir un idéal. Je leur rappelle qu'en France l'idéal national s'élève au-dessus de toutes les contingences, et même des avantages et des besoins immédiats et actuels de l'Etat.

Nous chérissons notre patrie parce qu'elle n'est pas uniquement et simplement une force agissante. Nous l'aimons parce qu'elle pense et qu'elle se dévoue. Voyez la différence entre les acclamations dont nous l'entourons et celles que poussent nos ennemis. Ils crient : *Deutschland über alles.*

Nous n'avons jamais riposté par la traduction littérale et brutale qui serait « France au-dessus de tout ! » Nous répondons « Vivent, au-dessus de tout, la Justice, la Vérité, la Liberté en ce monde ! Et que veulent dire ces paroles, sinon : Vive la France !

Sainte Geneviève (1)

Je ne sais pas très bien l'histoire de sainte Geneviève. Je sais seulement qu'elle est la sainte patronne protectrice de Paris. Elle sauva notre ville, en l'an 451, de l'invasion d'Attila.

Qu'était-ce qu'Attila ? Un chef de bandes asiatiques venues en Pannonie ; et qui, parti des Balkans, s'était mis à piller les riches domaines de l'Empire romain, le monde civilisé d'alors. Il marchait à la tête de cinq cent mille barbares. Peu de chose, en vérité : on fait mieux maintenant. Il traînait de nombreux chariots à sa suite, non encore blindés ni porteurs de mitrailleuses. C'était un pauvre diable, en somme, poussé par des hordes faméliques, avide des biens d'un opulent empire en décomposition.

Ce n'était pas un prince civilisé et instruit, grand homme d'affaires, en commerce actif la veille avec ses voisins, et le lendemain essayant de les écraser sous la force brutale. Attila était coupable de brigandage, non de fratricide.

Ce brigand écoutait parfois la raison : aux portes de Rome, il entendit la voix du Pape saint Léon, et ne voulut pas dévaster la noble ville. Il peut sembler paradoxal de chercher chez Attila des côtés sympathiques. Mais, par voie de com-

(1) *Gaulois* du jeudi 10 septembre 1914

paraison, on arrive quelquefois à des résultats imprévus.

Attila aussi invoquait Dieu ; mais il savait du moins se rendre justice à lui-même, et se donnait le nom de fléau de Dieu.

Depuis quatorze cents ans, Paris est resté reconnaissant à sainte Geneviève. Sous l'ancienne monarchie, les plus considérables parmi les échevins et les juges consuls devenaient « l'un des quarante porteurs de la châsse de sainte Geneviève », titre duquel ont été fiers plusieurs des miens.

Tant de foi conservée pendant tant de siècles a-t-elle pu se tromper ? Hier, au milieu d'une immense foule, se terminait le triduum de sainte Geneviève. Hier aussi revenaient à Paris deux grands évêques, le cardinal Amette et le cardinal Mercier, ayant rempli à Rome, en ces temps troublés, leur devoir sacré d'électeurs du Pape. Le cardinal Mercier, archevêque de Malines et de Louvain, avait protesté, en un langage admirable, contre le meurtre et le pillage de ces paisibles et savantes villes, dans lesquelles, disait-il bien justement, en temps de vacances et les étudiants partis, demeurent seulement quelques bourgeois pacifiques, quelques vieilles femmes, quelques vieux prêtres et pas un fusil. Il est notre hôte, en attendant la permission de reparaître dans ses villes dévastées.

Vous souvenez-vous du tableau de Puvis de Chavannes, à Sainte-Geneviève ? La petite Sainte, si droite, si franche, si pure, vraie figure de petite Parisienne en un jour de confirmation, se tient devant saint Aignan et saint Loup, qui ont leur mitre sur la tête et leur crosse à la main. La scène se passe dans les champs de Nanterre et on découvre, au fond du tableau, la Seine et les hauteurs voisines. Faut-il beaucoup d'imagination pour revoir parmi nous sainte Geneviève et, devant elle, au lieu de saint Aignan et saint Loup, le cardinal Amette et le cardinal Mercier ? Le personnes s'en vont et meurent ; la foi, l'amour de la patrie subsistent et se perpétuent à travers les générations ; elles renaissent sans changement en des âmes nouvelles ; elles rallument en de nouvelles mains le même flambeau.

Un ami de la France (1)

En Son Eminence le cardinal Ferrata, dont Rome va célébrer aujourd'hui les obsèques, la France perd un ami fidèle. Cette perte a été aussi imprévue que cruelle. La santé de l'éminent prélat paraissait excellente, il y a peu de jours ; et un journal catholique, mais peu bienveillant pour la France, le *Corriere d'Italia*, n'avait pas même annoncé la maladie, lorsque l'extrême-onction fut donnée.

J'avais eu l'honneur de lui être présenté, il y a longtemps, quand la nonciature occupait un hôtel de la rue de Varenne. C'était au temps des premiers combats contre la liberté de l'enseignement et des associations religieuses. Il parlait de ces entreprises néfastes avec une sévérité ferme, mais attristée, en ami qui déplore des erreurs, sentiment bien éloigné de celui de l'ennemi qui les étale pour en tirer profit. Il aimait et connaissait bien la France.

Il voulait bien me recevoir depuis lors, quand j'allais à Rome. Souvenir ancien déjà et très cher. Quand le bonheur de revoir Rome nous sera-t-il rendu ? Il était fidèle à la Rome des Papes et habitait les vieux quartiers. Dans les jardins de la villa Mattéi, qui lui avait été prêtée, sur le mont

(1) *Gaulois* du mardi 13 septembre 1914.

Cœlius, je le vois encore, marchant dans une allée de chênes verts, au bout de laquelle on découvrait l'arc de Septime Sévère, le Colisée, et plus loin, Saint-Jean de Latran.

Il passa ses dernières années dans un vieux palais de la via dell'Ara Cœli, demeure semblable à celle de beaucoup de cardinaux. Petite cour entourée d'arcades, eau fraîche et claire tombant entre des glycines grimpantes, dans un sarcophage ébréché ; grand escalier de pierre humide, ouvert au vent. A l'étage le plus haut, qui est dans les palais romains le plus recherché, vaste antichambre où un vieux serviteur et un jeune abbé causent familièrement ; série de salons ornés de quelques tableaux somptueux et noirs, issus de l'inépuisable école bolonaise, et d'objets moins beaux offerts par la piété des fidèles et provenant de la rue Saint-Sulpice. On est enfin admis auprès de son Eminence.

Le cardinal Ferrata était un diplomate ayant la vraie tradition romaine, au courant de la politique de tous les peuples d'Europe, esprit érudit et fin jugement ; âme pleine de foi en la mission de l'Eglise romaine. Il eût été d'un grand secours pour la reprise des relations avec le Vatican. Sa mort compte pour les Français, qu'il a honorés de sa bienveillante amitié parmi les chagrins profonds de cette cruelle année.

Le Pape et l'Empereur (1)

Le pape Benoît XV vient d'écrire une lettre à l'empereur Guillaume II ; il lui reproche la dévastation de la cathédrale de Reims.

Cette nouvelle occupe, dans la plupart des journaux, quelques lignes. Que de pensées, cependant, se pressent dans l'esprit, au son de ces trois mots : le Pape, l'Empereur, la cathédrale dévastée ! Si notre Victor Hugo revenait en ce monde, quel poème il eût ajouté aux *Châtiments* !

L'histoire a connu déjà des Empereurs cités pour leurs méfaits devant le pape. L'empereur Henri IV n'avait profané aucune cathédrale, son nom n'évoque pas l'image d'un incendie enflammant la rosace et faisant éclater les joyaux des verrières. Nous ne voyons pas, après son passage, une grande église découronnée de ses toitures, des arceaux rompus et des monceaux de sculptures brisées. C'était un politique moins brutal, mais malfaisant. Le Pape Grégoire VII l'appela à Canossa.

Canossa ! Voilà encore un nom célèbre ! Mais, contrairement aux précédents, celui-là a pris un sens vulgaire. Il n'est plus que l'expression convenue et banale d'un préjugé contemporain. On ne saurait imaginer l'important rôle que jouent

(1) *Gaulois* du dimanche 2[?] septembre 1914.

ces trois syllabes dans notre politique. Aller, ne pas aller à Canossa : c'est tout un programme. Le chemin de cette localité fait peur aux gens qui prennent chaque jour celui de la rue de Valois.

Canossa, m'a dit un voyageur érudit, est un charmant petit bourg de l'ancien duché de Modène, avec de belles ruines d'un vieux château. Mais les hôteliers feront bien de n'y rien installer : trop de personnes ont juré de n'aller jamais à Canossa. »

Aujourd'hui, à propos de Reims et de l'empereur Guillaume, nous avons entendu le même jour s'élever deux voix.

L'une était la voix du Pape, plus ancien que la basilique profanée, et, bien que sans armées et sans canons, plus puissant que le Prince dévastateur. L'autre était une toute petite voix partie du pied de la montagne de la Turbie; un cri poussé au nom d'une souveraineté si étroite qu'un casino la remplit. Et la petite voix manifestait aussi une louable indignation. Elle fut aussitôt applaudie, comblée de remerciements officiels. Rien de plus juste : il faut encourager les bonnes intentions, même des petits.

Le Pape n'a point parlé en vue d'une semblable récompense. Quand il condamne le mal, il n'attend rien et ne redoute rien en ce monde. Mais, après une telle parole, prononcée en un tel moment, entendue par la France unanime avec une respectueuse reconnaissance, l'occasion n'est-elle point favorable pour renouer les relations qu'on a eu le grand tort de rompre ? Que signifient les vieilles histoires de Canossa ? Que valent les préjugés de la rue de Valois? La vérité se découvre et la raison renaît au milieu des grandes épreuves.

Je n'en ai pas moins tenu à terminer, dans le dictionnaire de Bouillet, la lecture de l'article destiné à l'empereur Henri IV. Ce prince, à Canossa, fit de belles promesses au pape Grégoire VII et se garda de les tenir. Il perdit, reconquit, reperdit sa couronne.

Il mourut oublié et pauvre, expiant des fautes moins graves que le sac de Reims. Et savez-vous où, vers la fin de sa vie, il était venu échouer? A Liége, ville prédestinée!

Albert de Mun (1)

Le jour où Albert de Mun, après plusieurs années de silence, monta à la tribune, les applaudissements éclatèrent à droite, gagnèrent le centre, puis la gauche la plus extrême, et avant même que sa parole ne se fût fait entendre, un hommage unanime lui était rendu.

Sa parole ! Pendant un quart de siècle, elle fut le charme et l'orgueil de notre Parlement. Les gens de mon âge ont des souvenirs plus anciens encore : leurs parents les menaient, au sortir du collège, entendre un jeune officier de cavalerie qui, par l'élégance et la piété de son langage, émerveillait l'auditoire des cercles catholiques d'ouvriers. L'usage, en ce temps-là, n'était pas de déclarer ses sentiments religieux avec tant de franchise et de simplicité; les prêtres mêmes en étaient surpris, et j'entends encore ces mots, lentement prononcés par le cardinal Guibert : « Il est vraiment superflu qu'un ecclésiastique prenne la parole après M. le capitaine de Mun. »

Le capitaine ôta son uniforme et devint député. L'orateur proprement dit n'est pas le combattant qui déchire et détruit la thèse de l'adversaire. Ce n'est pas le professeur qui essaye de propager des connaissances subtiles et nouvelles. C'est le ma-

(1) *Journal* du mercredi 7 octobre 1914.

gicien qui donne l'existence aux idées qui sommeillaient dans l'esprit de ses auditeurs et qui rend ceux-ci tout heureux de la forme bien ordonnée, persuasive, brillante, que leurs propres idées ont su prendre par ses soins. Je n'ai jamais connu d'orateur dont la voix et le geste eussent plus de séductions, je n'ai jamais entendu de discours dont les derniers accents aient laissé les esprits aussi charmés, conquis, désireux d'être persuadés.

Il fallut un singulier entêtement pour refuser d'entendre sa défense, si juste et si vraie, de la liberté d'enseignement. Son œuvre en faveur des syndicats professionnels mixtes a laissé des traces profondes. Je ne puis oublier, puisque j'y ai pris part, la campagne qu'il mena avec Jaurès contre Abdul Hamid, lorsque nous dénonçâmes à la tribune les massacres d'Arménie.

Depuis longtemps, sauf un jour, il y a deux ans, il ne parlait plus à la Chambre. Cette émotion, toujours aussi vive qu'à ses débuts, lui était interdite. Mais actif, toujours jeune et élégant d'aspect, il s'associait au travail des commissions. Que de fois nous l'avons vu, arrêtant sa promenade dans les couloirs, entamer avec Jaurès, sur quelque récente nouvelle militaire ou diplomatique, une discussion que chacun venait entendre! Un groupe nombreux se formait autour d'eux, tandis que se poursuivait la séance devant les bancs déserts. L'intrigue et la fausseté produisent la haine; elle ne saurait jamais naître de l'opposition, même la plus profonde, entre des convictions sincères.

Les deux dernières années d'Albert de Mun ont été vouées à la guerre, prévue par lui, et, on peut bien le dire, soutenue par lui avec la plus patriotique énergie. Il comptait pour rien sa santé chancelante et menacée ; il se servait de sa plume comme d'une épée, et il est mort à la peine comme un soldat.

Il y a quelques jours, deux lignes de son article rappelaient le village de Brie où se passa son enfance. Il arrive ainsi que de chers et anciens souvenirs se représentent à l'approche de la mort. Il avait revu, dans le château de Lumigny, qui fut la demeure d'Helvétius, son vieux père au cœur généreux mais à l'esprit mordant, digne héritage de ce célèbre ancêtre ; son frère aîné, Robert, vaillant, modeste et de sage conseil ; tous les siens, enfin, ces Mun et ces La Ferronnays, doués de qualités si brillantes, dont Mme Craven, dans le beau livre intitulé : *Le Récit d'une Sœur*, a laissé de vivants et charmants portraits.

Il est mort après avoir recueilli avec justice les plus enviables témoignages d'admiration et d'affection. Il est mort en pleine lutte, et la crise terrible qui a assailli sa vieillesse l'a trouvé plus vaillant que jamais. J'adresse à ce grand compagnon, à cet illustre ami, un hommage que je voudrais savoir rendre plus éloquent, mais qui ne saurait être plus sincère et plus ému.

Au souvenir humain (1)

Pâques, Noël, l'Ascension sont des fêtes instituées par l'église catholique pour élever nos esprits vers l'idée de Dieu. La commémoration des morts est la fête mélancolique consacrée au souvenir des hommes.

Consacrée d'abord à ceux que chacun de nous a connus et aimés. Nous ne les voyons plus devant nous dans l'espace, et le temps ne compte plus pour eux. Mais ils sont présents dans notre esprit : ils n'ont pas disparu.

D'ailleurs, en ce jour-là, nous ne portons pas le deuil seulement de nos parents et de nos amis. L'homme et toute sa destinée s'offrent à notre pensée : une destinée brève et fragile en ce monde, puisque le moindre accident la brise. En même temps des dons divins : une intelligence qui mesure, comprend, et, par l'intuition, dépasse cet univers; chose plus étonnante et plus belle encore : une conscience libre, ayant la vue du Bien, et capable de sacrifier même la vie, par devoir.

Tel est l'homme. Que l'on ne prétende pas réserver ces dons au surhomme et à des espèces supérieures : ces inventions de Nietzsche ont pu troubler des cervelles allemandes. Mais le chris-

(1) *Excelsior* du dimanche 1er novembre 1914.

tianisme n'accepte pas ces fantaisies aristocratiques. Il enseigne l'égalité dans la Création et dans la Rédemption : *Omnium Deus conditor et redemptor*, dit l'office du 2 novembre.

Dans l'ordre intellectuel, la fameuse lettre des penseurs allemands est vraiment faite pour abattre l'orgueil des gens qui ont pu se croire d'une espèce supérieure. Elle montre à quel point la rancune haineuse peut obscurcir des regards habituellement clairvoyants et masquer la vérité, même devant les yeux les mieux exercés. Qu'ont-ils fait, ces vieillards illustres, mais disciplinés, de leur méthode historique et de leur sens critique, de leur respect de l'expérience ?

D'autre part, dans l'ordre moral, les exemples donnés chaque jour par milliers sont favorables à l'idée chrétienne de l'égalité : tant ils nous montrent la plus noble vaillance uniformément répandue dans une multitude de jeunes âmes ! Risquer la vie, si intéressante à tout âge, si douce et si riante à vingt ans, et même à trente-cinq, est le fait d'une vertu surnaturelle, et cependant habituelle, dans les nations comme la nôtre Que de héros inconnus ont succombé pour la défense d'une tranchée, pour la conquête d'un hameau ! La patrie les avait appelés, et, à cet appel, tout le monde sait où est le devoir. Si ce devoir n'apparaissait pas clairement à tous, il n'y aurait plus de patrie. Les survivants de 1870 applaudissent et admirent les combattants de 1914, non pas meilleurs patriotes, mais plus persévérants, plus confiants, et, nous l'espérons bien, plus heureux que nous ne l'avons été !

Le jour des morts, en 1914, est, pour beaucoup de familles de France, un jour de deuil récent. Les plus heureuses soignent un blessé ou s'inquiètent d'un prisonnier. Il n'en est aucune que l'agression de l'Allemagne n'ait atteinte dans ses affections les plus chères. Presque toutes avaient élevé leurs enfants pour des métiers plus paisibles : elles en faisaient des prêtres, des laboureurs, des commerçants, des hommes de science ou des hommes de loi. Tous ont été soldats, et vaillants soldats, contre l'Allemagne.

Pascal a montré mieux que tout autre écrivain les contrastes de notre destinée : tant de grandeur associée à une telle faiblesse, tant de misère à côté de tant de puissance. Il n'avait pas connu autant que nous les maux de la guerre. Le grand Condé commandait, près de Rocroi, à trente mille hommes tout au plus. La guerre n'enrôlait pas alors des peuples entiers. Si Pascal avait vu le Jour des Morts, au milieu d'une grande guerre Nationale, il aurait vu, et de quels traits il aurait dépeint, vivant ensemble, non pas dans l'âme d'un homme, mais dans les âmes de toute une nation, la plus cruelle douleur, auprès du plus héroïque courage, et le courage l'emportant sur la douleur !

Albert Ier, roi de Jérusalem (1)

Je voudrais, après tant d'autres, avec un respect profond, présenter à Sa Majesté le roi des Belges, à l'occasion de sa fête, mes vœux, mes remerciements; tous les témoignages, enfin, d'admiration et de reconnaissance dont un homme est capable.

Ma reconnaissance ne vient pas seulement de l'éminent service rendu à mon pays, mais de la noble action accomplie; action qui marque le chemin de la vérité et élève la dignité de l'homme.

Sur la force, prétendue inséparable du droit et qui créerait le droit, étant l'expression d'une intelligence et le résultat d'une culture supérieures, beaucoup de sophismes allemands ont eu cours dans ces derniers temps. Cependant Attila était fort, Mahomet II était fort, et l'histoire n'a jamais célébré leur culture. La force ne se rapproche en rien du droit, pour s'être enrichie et augmentée de toutes les inventions de la science : rouler dans des automobiles, voler sur des aéroplanes, éclater avec les bombes de mélinite n'est pas marcher vers la justice. La barbarie n'en est pas moins barbare pour être vêtue d'un uniforme et, au lieu d'une massue, disposer de

(1) *Gaulois* du mardi 17 novembre 1914.

mortiers de 420. Les ondes hertziennes transmettront indifféremment des hurlements de bêtes fauves ou des vers de Victor Hugo, un contrat signé par M. de Bethmann-Hollweg ou de saintes paroles de l'Evangile. La force, même savante et cultivée, n'est pas le droit. Le droit, quand l'invasion allemande déferla contre les collines de Liége, c'était Albert Ier, tout aussi cultivé, d'ailleurs, que Guillaume II.

Sur la place Royale de Bruxelles, s'élève la statue d'un lointain prédécesseur du roi des Belges, Godefroy, duc de Bouillon, roi de Jérusalem. Autour de cette image d'autres temps, passent et repassent en ce moment des patrouilles et des officiers de Guillaume II. L'Empereur lui-même, peut-être, en la regardant, s'est souvenu de l'entrée solennelle qu'il fit dans l'église du Saint-Sépulcre, en long manteau blanc, le front surmonté d'un casque d'argent — au retour d'une visite à Abdul-Hamid.

Dans l'esprit de cet illustre pèlerin, l'idée de la force et l'idée du droit sont confondues, dissoutes l'une en l'autre, par le fait de la culture allemande surchauffée. Dans l'âme du roi de Jérusalem, elles demeuraient claires et distinctes, la première humble servante de la seconde, en vertu de la loi chrétienne et des règles de la chevalerie. Les guerriers fidèles à cette loi et à ces règles peuvent s'écrier : « Dieu avec nous ! » La religion, et j'ose ajouter la plus haute et raisonnable philosophie, les approuve. Mais l'abus d'une telle invocation est un blasphème et un non sens

En toute sûreté de conscience, nous nous écrions, avec la France entière : « Dieu garde Sa Majesté le roi des Belges ! »

Mais qu'allons-nous lui souhaiter en ce jour de sa fête ? Son royaume est réduit à quelques hectares inondés, où pleuvent les obus, mais où s'embourbent les canons de l'ennemi ; réduit à trois villes : Furnes, Poperinghe, Ypres, qui auront gagné en ces tristes jours une éternelle gloire. Allié de la France, de l'Angleterre, de la Russie, il rentrera en vainqueur à Bruxelles et à Anvers. Cela est trop certain, et nous voulons donc former pour lui d'autres vœux encore.

Il y a en ce moment beaucoup de stratèges en chambre qui plantent de petits drapeaux sur des cartes. Il y a aussi beaucoup de diplomates sans pouvoir qui ne s'appliquent pas moins à reconstruire, comme dit M. Viviani, une Europe fondée sur le droit, et même une Asie-Mineure un peu moins livrée à l'injustice. Quand Smyrne sera grecque, quand Trébizonde, Erzeroum et même Adana, antiques cités de l'Arménie, devront aux armes russes leur délivrance ; quand les nôtres, reparaissant en pays déjà connus, auront uni à l'Etat libre du Liban Beyrouth et Tripoli de Syrie, Baalbek et Damas ; quand, de l'Hedjaz au Yemen, les Arabes auront secoué le peu qui reste de l'autorité turque et proclamé khalife du monde musulman, contre le Sultan compétiteur, le chérif de la Mecque, vrai fils du Prophète et, selon sa loi, vrai commandeur des croyants ; quand, en un mot, la ruine de l'empire turc se sera achevée par le poids de la fausse et traîtresse alliance des Allemands, quel sera alors le destin que les puissances chrétiennes voudront assurer à la Palestine? Ces puissances ne sauraient oublier que la question des Lieux Saints est devenue, il y a soixante ans, entre la France, l'Angleterre et la Russie, une cause ou au moins un prétexte d'inimitié. Elles n'ont pas pris au sérieux le rêve du sionisme, rêve qui a hanté les cerveaux pangermanistes beaucoup plus que les âmes israélites. Entre la Syrie, que la France protège, et l'Egypte, entrée de la mer des Indes, route impériale du Cap, elles chercheront pour lui confier la Palestine, une puissance chrétienne, aimée de ses grandes voisines et ne leur portant pas ombrage.

Si cette pensée occupe alors l'esprit des diplomates, qu'ils veuillent bien se rendre à Bruxelles, sur la place Royale, et qu'ils contemplent le chevalier de bronze autour duquel ne se montreront plus les patrouilles allemandes. La statue n'est pas belle, je le confesse. J'aime beaucoup mieux Colleone, à Venise, et surtout Galla Melata, à Padoue. Mais je serais bien étonné si la vue de cette médiocre statue, auprès du Palais Royal de Bruxelles, ne leur inspirait pas une heureuse solution du problème des Lieux Saints.

Ils s'avanceront sous les fenêtres du palais et salueront Albert Ier, digne successeur de Godefroy de Bouillon, roi des Belges et roi de Jérusalem.

Tel est le vœu que je forme pour la gloire de notre noble Allié et pour la paix de l'Europe chrétienne.

L'Union sacrée (1)

Le *Temps* a donné à ses lecteurs un résumé du dernier décret du Saint-Siège. L'article 16 du règlement publié en 1899 par la conférence de la Haye ordonne que les prisonniers soient mis en mesure de pratiquer leur religion. Cela donnait accès auprès d'eux aux prêtres catholiques, comme aux pasteurs et aux rabbins. Mais le pape Benoît XV exige de ses prêtres un autre bienfait encore envers les personnes. Il a déploré amèrement, dit le texte du décret, les angoisses de leurs parents ignorant leur sort; et il ordonne aux évêques, des deux côtés de la ligne de feu, de choisir des aumôniers partout où il y a des prisonniers, un ou plusieurs s'il le faut, sachant parler la langue des prisonniers. Ces aumôniers ne négligeront rien pour adoucir les souffrances, et avant toute chose demanderont si des nouvelles ont été envoyées aux familles. Si rien n'est fait, *suadeant*, dit le décret, *ut statim apertas chartulas tabellarias* (*vulgo* cartes postales, *Postkarten, Postcards, Poctowyza kartocki*) *statim mittant, quibus suos de propriâ valetudine doceant.*

Si le prisonnier ne sait pas écrire, ou s'il est trop malade, trop blessé, le prêtre écrira lui-même, et mettra tous ses soins à faire arriver la lettre à son adresse.

(1) *Temps* du mardi 29 décembre 1914.

Et ce service d'humanité sera rendu, non pas à ceux-ci ou à ceux-là, suivant la race ou la religion, mais à tous les prisonniers. Ce titre suffit.

Le pape Benoît XV s'est rendu compte d'un des maux les plus cruels de cette affreuse guerre : les disparus ! En 1870, ce mot fut très rarement entendu. Il exprime aujourd'hui la désolation de milliers de familles. S. E. le cardinal Gasparri m'a fait l'honneur de m'envoyer le texte latin du décret, ajoutant que le Saint-Siège est disposé à tenter tout ce qui sera possible et pourra être suggéré en faveur des prisonniers.

Ma reconnaissance est d'autant plus grande que cette puissante et paternelle initiative va singulièrement venir en aide à une difficile entreprise des députés de la Seine. Le *Temps* m'a permis naguère de leur faire connaître les intentions de ce groupe de députés, dévoués depuis de longs mois aux grands intérêts parisiens, sans un seul jour de discussion politique.

Ce n'est pas que personne ait abdiqué. Devant les difficultés de la politique et les problèmes de la philosophie et de la religion, tous les états d'âme se rencontrent parmi nous ; nous sommes comme est le grand Comité du Secours national, comme pourrait l'être et a failli l'être le gouvernement, une collection de Français, non une combinaison de partis.

Tel est aussi le bureau des *Nouvelles du soldat*. A notre appel, des dévouements admirables sont venus de l'extrême droite comme de l'extrême gauche. Un ami généreux nous a donné un vaste et confortable domicile, boulevard Arago, 14.

D'autres offrent leur travail, ou intellectuel ou manuel.

Aux *Nouvelles du soldat*, on imagine des plans de recherches, on écrit, on télégraphie; ou bien on découpe des fiches et on colle des enveloppes : pour la France! Et personne ne demande si vous venez d'une réunion de la C. G. T. ou de la messe de votre paroisse. Il est convenu que chacun poursuivra le but commun, suivant ses moyens, ses possibilités, ses relations. Déjà les innombrables lettres que nous recevons, pauvres lettres confuses, verbeuses, mouillées de larmes, sont transformées en vingt mille fiches claires et précises. Notre œuvre est reconnue par l'Etat qui lui a accordé la franchise postale, comme au bureau de Bordeaux et à la Croix-Rouge; l'objet est le même et l'accord est complet.

Nos directeurs se sont assuré des correspondants en toutes les villes de France. Ils ont été à Genève et se sont mis en relations avec M. Ador et l'admirable Croix-Rouge genevoise. Enfin, parmi eux, les catholiques, en leur nom propre, mais au profit de l'œuvre commune et avec l'assentiment de tous, avaient adressé une supplique au Saint-Père ; ils lui adressent aujourd'hui l'expression de leur filiale reconnaissance et sont heureux de sentir qu'ils ne seront pas les seuls, car l'heureuse et pratique initiative du pape Benoît XV ne peut manquer d'apporter des consolations à beaucoup de familles en peine de leurs chers disparus. Et le décret de Rome est résumé par les trois mots que l'œuvre parisienne avait pour devise : Nouvelles du soldat.

Saint Ambroise (1)

Les événements actuels évoquent en notre mémoire les récits de temps très anciens. Car les siècles voisins du nôtre, siècles en voie de civilisation et de progrès, n'ont rien connu de semblable, même au moment des plus rudes guerres. Le christianisme, la chevalerie avaient implanté des usages dont l'invasion teutonne n'a pas gardé le moindre vestige. Massacres, incendies de villes ouvertes, populations emmenées en esclavage : ce sont là des mœurs de l'âge de pierre.

Les lecteurs du *Gaulois,* auxquels je voudrais parler aujourd'hui de saint Ambroise, vont croire que je me propose d'entonner la litanie des saints de la primitive Eglise, si par hasard ils se souviennent que je leur ai parlé un jour de sainte Geneviève. C'est que, dans les heures que nous traversons, les vertus héroïques, les crimes barbares nous emportent bien loin des années de douce indifférence et d'aimable banalité.

Il y a quatre mois, un certain mardi, le ciel de Paris était clair et gai, les figures aussi. La lutte suprême était engagée sur la Marne, encore fort incertaine. Mais il semblait que le vent de la victoire eût déjà soufflé : personne ne doutait.

ulois du vendredi 15 janvier 1915.

J'allai le soir au *Gaulois*, où l'on me fit l'amitié de me demander un article; le lendemain matin, à la poudrerie de Sevran, voisine du combat et prête à tout événement, et à la grande Ecole chrétienne de Vaujours, tant de fois visitée en des temps meilleurs. A l'ombre du fort, quelques maîtres, quelques élèves demeurés pendant ce triste mois de vacances attendaient, confiants en la Providence. Le bruit courait que, dans la précédente nuit, les projecteurs du fort de Vaujours avaient fait découvrir de grandes masses allemandes en marche vers l'Est; on croyait même que le fort voisin, celui d'Ecouen, avait tiré.

Au retour, la pensée de ces masses allemandes évitant Paris et s'en allant dans la nuit remplissait mon âme, et, quand il fallut trouver un titre à l'article promis, j'étais incapable de prononcer un autre nom que sainte Geneviève !

Aujourd'hui, les nouvelles de Belgique nous reportent encore à une histoire vieille de quinze cents ans. Saint Ambroise était l'évêque de Milan. Avant de faire reculer les empereurs, il s'était essayé sur les préfets. Le préfet Symmaque, qui devait mourir sénateur, était un sceptique aimable et lettré, amoureux de la vieille mythologie, et qui consacrait à la défense d'un Olympe ruiné une littérature décadente.

De son côté, l'empereur Gratien voulait bien abandonner le paganisme, mais à la condition d'attribuer à l'Etat le bénéfice d'une énergique loi de dévolution des anciens établissements ecclésiastiques. Exemple suivi depuis lors par des gouvernements moins épris d'idées nouvelles que de fiscalité.

Symmaque adressait à Gratien des mémoires, en latin élégant : « Epargnez au moins, suppliait-il, ô divin Empereur, l'autel de la Victoire ! » Quand Gratien eut été renversé, les mémoires allèrent à Valentinien II ; quand celui-ci eut le même sort, la Victoire fut recommandée à Maxime, prétendant duquel Symmaque avait chaudement embrassé le parti. Maxime étant vaincu, Symmaque et l'autel de la Victoire, autel portatif, apparurent chez Théodose. Quel que soit le vainqueur, la Victoire a toujours inspiré aux fonctionnaires en peine de devenir sénateurs, une invariable dévotion. Et on va me demander pourquoi j'ai, cette fois, été chercher des exemples dans l'antiquité.

Revenons donc bien vite à saint Ambroise. Symmaque et ses idoles décrépités s'écroulèrent bientôt sous les coups du courageux évêque : une logique vigoureuse, une éloquence pleine d'érudition, mais animée par la foi nouvelle, eurent raison de la rhétorique officielle.

Abattre un vieux préfet idolâtre ne fut qu'une escarmouche et un jeu. Quelque temps après, le saint évêque voyait devant lui l'Empereur, vainqueur de ses rivaux, maître de l'Occident et de l'Orient, en possession à la fois de tout ce que, de nos jours, la Maison d'Autriche a successivement et inutilement rêvé, l'Italie et les Balkans ; l'Empereur revenant d'une campagne où il a châtié les ancêtres des Serbes, et massacré les habitants de Salonique.

Cela se passait sur le seuil d'une église de Milan. Après de pareils exploits, l'empereur Théodose osait encore se dire chrétien, et venir invoquer Dieu, étant tout couvert du sang de Salonique.

L'évêque, debout sur le seuil, la croix à la main, devant la foule et devant l'armée, refusa à l'Empereur l'entrée de l'église, et l'Empereur s'arrêta...

Mais j'entends des érudits qui vont me dire : « Vous parlez du massacre de Salonique. Ne savez-vous pas qu'au temps de saint Paul et de ses épîtres, et encore au temps de Théodose et de saint Ambroise, cette antique cité s'appelait Thessalonique ? En effet, les noms changent, mais l'histoire se répète. Aujourd'hui, en fait de noms de villes pillées, brûlées, massacrées, vous n'aurez que le choix ! l'Empereur coupable qui invoque le ciel, et dévaste la terre, ne s'appelle plus Théodose. Et saint Ambroise s'appelle le cardinal Mercier !

Le Léviathan allemand (1)

« La France et l'Allemagne devant la doctrine chrétienne sur la guerre. » Je regrette trois mots dans ce titre d'un très savant et profond article donné par Mgr l'évêque de Nice au *Correspondant*. Il suffirait de dire : « La France et l'Allemagne devant la doctrine chrétienne. » Car il est évident que l'étatisme allemand s'éloigne de la doctrine chrétienne.

L'éloquent évêque a trouvé pour ses pensées beaucoup de formules brèves et inoubliables. En Prusse, « les individus étant considérés comme incapables de s'unir par l'âme, c'est la force de l'Etat qui seule les organise en société. » Ces quelques mots résument la théorie de Hobbes, du *Leviathan*, ancêtre de la sociologie moderne, dont la Prusse est l'expression la mieux réalisée. C'est aussi la force de l'Etat qui jette les individus dans la guerre, en masse, par millions ; elle ne compte pour rien les enfants de l'Allemagne, dans un effort voulu par l'Etat allemand : il faut d'abord que l'Etat triomphe. Le mot de social doit cesser ici d'être pris, comme d'habitude, en un sens favorable. La guerre à coups de milliards, avec des millions d'hommes armés, est un horrible phénomène social : les batailles provoquées par

(1) *Figaro* du dimanche 5 septembre 1915.

des ambitions individuelles étaient peu de chose, à côté des tempêtes soulevées par Léviathan !

Dans une pareille société, cimentée par la force et pour la force, tout naturellement le Léviathan social, l'Etat devient dieu. L'évêque de Nice, faisant allusion à la célèbre prière du Kaiser, ajoute excellemment : « Son dieu est vieux et il est allemand, et c'est pourquoi il est un faux dieu... Ce n'est pas le Père Éternel, universellement juste et bon, et qui ne fait acception de personne. »

Et plus loin : « La religion ne devient pas seulement religion d'Etat, mais religion envers l'Etat. » La formule est parfaite. Et tel est le dernier mot de la sociologie scientifique : elle enseigne maintenant un peu partout (pas seulement à Berlin) que les âmes en lesquelles le phénomène religieux se manifeste éprouvent un sentiment vrai, mais se trompent d'adresse, et croient rendre hommage à la grâce divine quand elles sont, en réalité, touchées de la grâce sociale.

Le vaillant évêque n'hésite pas à traiter de *catholiques pervertis* ceux qui se sont laissé séduire par cette « barbare et monstrueuse doctrine ». Comme il a raison ! Le dieu-Etat, le Léviathan, exige des sacrifices humains : je ne parle pas ici des horreurs de la guerre et de ses victimes innombrables. Le dieu-Etat fait plus mal encore, s'il est possible, et il prépare tout le reste ; car il exige devant son autel le sacrifice de tout sentiment humain. Lisez leur Clausewitz et leur Bernhardi, militaires exempts de toute chevalerie ! Souvenez-vous de leur Bismarck, leur

Treistcke, adversaires sans foi, tyrans sans scrupules : la politique de ces hommes consiste à abattre l'adversaire par tous les moyens, mais aussi à gouverner leur propre nation comme une ennemie vaincue ! Machiavel, à côté d'eux, prend des airs innocents. A quel régime le surhomme, puisque ce nom console les Allemands, ne va-t-il pas être condamné ?

Mgr Chapon relève de cyniques propos de ces politiques. Le choix est abondant : ne mentionnons que ceux des *catholiques*. « La guerre doit être aussi impitoyable que possible, dit M. Erzberger... C'est un moyen d'amener une prompte paix. Semons la terreur et la mort... Tous les moyens doivent nous être bons. » « Le progrès n'avance, dit M. Spahn, qu'à la condition que la guerre soit plus effrénée, qu'à la condition qu'elle ne connaisse de limites ni dans l'espace, ni dans les procédés. » Le sage et éloquent évêque français condamne à bon droit de semblables catholiques.

L'évêque de Nice montre aussi, en un beau passage, l'erreur où tombe cette brutale philosophie : « L'Allemagne s'est trouvée faible, n'ayant escompté, avec sa psychologie de laboratoire, que des réactions animales à vaincre, tandis qu'elle s'est heurtée à des énergies humaines et chrétiennes. Elle n'avait pas compris que l'humanité n'appartiendra jamais à qui voudra la prendre, mais seulement à qui saura la faire se donner ! »

L'Allemagne, à nos yeux, pour sa fameuse culture, a choisi de mauvais professeurs. Les propos cyniques, dans un salon, peuvent distraire une société peu nombreuse et faire jeter d'aimables cris. « Ainsi parla Zarathoustra », écrit Nietzsche avec satisfaction. Mais devant les foules, Zarathoustra aura beau ainsi parler, il ne les entraînera pas; elles le jugeront odieux et obscur. Elles aimeront mieux les sublimes banalités que tout le monde comprend.

Le cynisme en politique, Dieu merci, ne deviendra jamais populaire. Une princesse allemande d'autrefois, la Palatine Elisabeth, demandait à Descartes si Machiavel avait été sérieux dans ses conseils au Prince. Elle n'aurait point goûté Bismarck, en ses aphorismes; et elle eût jeté l'œuvre de Treistchke au feu.

Le cynisme, en effet, ne peut être considéré que comme une marchandise de détail; offert en gros, il révolte et épouvante. Des paradoxes brillants et de l'amère poésie de Nietzsche, il ne faut pas vouloir tirer de là les maximes de gouvernement d'un vaste empire. Il y a, dans le fait de l'Allemagne, une énorme et sinistre parodie de la fable de l'*Ane et du Petit Chien*. Consommé en particulier, le cynisme anime une conversation de table : érigé en principe, en vertu nationale, il fait sombrer la *Lusitania* dans l'Océan.

La Victoire de la Marne (1)

Messeigneurs,

Quel beau spectacle ce matin dans la cathédrale de Meaux ! Quelle unanimité dans l'assemblée immense réunie sous ses voûtes ! Quand les âmes s'unissent, disait tout à l'heure Maurice Barrès, chacun de nous ne renonce pas à la sienne, mais s'adjoint celle des autres. J'ai applaudi, pour cette belle pensée, mon très cher et éminent collègue. Combien j'aurais voulu applaudir aussi, n'eût été le respect dû à la cathédrale, la noble oraison funèbre prononcée par Mgr Lobbedey.

Il est un usage que nous pouvons envier, nous autres orateurs politiques, aux orateurs de la chaire : c'est celui qui consiste, au début d'un discours, à en donner la substance, contenue dans une expressive et brève formule empruntée aux textes sacrés. « Nicanor, disait l'éloquent évêque, abordant une armée qu'il estimait composée de médiocres et petites gens, fut surpris et confondu de rencontrer une victorieuse résistance. »

Et déjà vous avez vu, l'un devant l'autre, un nouveau Nicanor et un nouveau Judas Macchabée, qui s'appelle « Maunoury ». Mais, vraiment, Nicanor avait-il pris les Français pour des gens de peu ? Je ne le crois pas. Je ne crois pas que la vanité de sa race, l'orgueil de la fameuse culture

(1) Discours prononcé à Meaux, le 10 septembre 1916.

ait pu le jeter dans de pareilles illusions à notre sujet, alors que la France, pendant les années vécues par les dernières générations d'hommes, s'est élevée si haut dans les sciences, les arts, les lettres, et a montré comment elle sait réparer les ruines. Non, je ne veux pas accuser le vaincu de la Marne d'avoir été aveuglé par un dédain superbe et imbécile. Savez-vous quelle fut son erreur, celle de ses compagnons, de ses maîtres, de tous nos agresseurs? Ces gens s'étaient imaginé avoir affaire à une nation profondément divisée. De là leurs espérances.

Nous parlons haut, comme des hommes libres; nous ne sommes pas hypocrites et ne mâchons pas les mots. La liberté et, j'ose le dire, l'éclat de notre Presse et de notre tribune rend nos querelles retentissantes. En temps de paix, nous sommes divergents et bruyants : il y a chez nous des partis. Mais il n'y a plus qu'une armée quand l'ennemi se montre et cette armée n'a qu'une âme. Ceci était vrai il y a deux ans, au bord de la Marne; ceci, après deux ans, reste rigoureusement aussi vrai. Et voilà, je pense, à quoi ne s'attendait pas Nicanor.

L'éloquent évêque d'Arras ne s'est pas inspiré seulement d'un texte de l'Ecriture, mais de la parole d'un grand citoyen. « Dieu est-il avec nous, disait Abraham Lincoln au cours de la plus horrible des guerres civiles. Je ne sais. Ce que je me demande chaque jour, c'est si nous sommes avec Dieu ! »

Parole admirable ! Sommes-nous sûrs de marcher toujours dans les voies de l'absolue vérité, de l'absolue justice? Voilà ce que Lincoln se demandait. Bien différent en cela des gens qui prétendant avoir enrôlé Dieu derrière leurs bannières, osent lui attribuer une nationalité, le revêtir d'un uniforme, et l'appeler notre Dieu allemand !

Et ne voyez-vous point là (s'il m'est encore permis de citer l'Ecriture-Sainte) un nouvel exemple de ce que le psaume appelait « Les Dieux des nations » ? Ils ont des yeux pour ne point voir, des oreilles pour ne point entendre, une bouche qui ne sait point parler. Mais ne pensez-vous pas, Messieurs, qu'ajouter simplement : « En effet, ce sont des idoles de pierre ou de bois » serait fournir de ce texte une médiocre et insuffisante explication? Les Dieux des nations, ce sont les nations elles-mêmes divinisées, les Empires, eux-mêmes, devenus, grâce à l'imagination et à la servitude populaires, l'objet d'un culte idolâtre. Ces divinités sociales, en proie aux passions de la race, servantes des intérêts immédiats de l'Etat, ont des yeux, des oreilles, une bouche qui ne sont plus capables d'apercevoir, d'entendre, de proclamer l'éternelle vérité et l'éternelle justice, qui vivent au-dessus de toutes les lois et de tous les peuples, que de preuves de ce que j'avance, m'offrent les événements récents. A-t-il une bouche qui sache parler, le Dieu allemand, qui inspire à un ministre ces mots : « Un traité n'est qu'un chiffon... Vous voulez tenir votre parole : avez-vous compté ce qu'il vous en coûtera ? » A-t-il des yeux pour voir, quand il laisse braquer les pièces de « 420 » sur la cathédrale de Reims ?

Aux idoles des nations, le psaume oppose notre Dieu, *quid in altis habitat*. C'est l'Etre parfait, source de toute vérité et de toute justice, démontré par Descartes, dans les *Méditations*, par Bossuet, dans la *Connaissance de Dieu et de soi-même*, et adoré par ce grand évêque sous les voûtes de l'église de Meaux. Aucune culture n'introduira dans des cervelles françaises la conception du Dieu allemand.

Je m'aperçois que mon toast tourne au sermon. Excusez-moi, Messieurs, pour la rareté du fait. Je ne sais pas s'il est très correct de boire à la santé de Nos Seigneurs les évêques, mais j'ai devant moi des prélats desquels la Providence a exigé, sans les prendre au dépourvu, des vertus militaires; laissez-moi, suivant notre vieil usage, vider mon verre à la santé des courageux évêques de Reims, d'Arras et de Meaux.

Recevez aussi mes remerciements et mes vœux, Messieurs les membres du Souvenir Français. Vous avez choisi un beau nom. Je ne sais ni quand ni comment s'achèvera la victoire. Je sais qu'elle s'achèvera, et que, déjà, l'héroïsme de nos soldats, la tenace et géniale patience des chefs, l'ont rendue certaine, et, on peut le dire, l'ont commencée. Déjà vous, Messieurs, et vos successeurs, vous aurez à enregistrer de nobles souvenirs. Déjà aussi il est de fâcheux souvenirs, qui pesaient sur notre génération, sur nous, vieux soldats de 1870, et qui sont à jamais effacés. Je le disais un jour à la Chambre; pardonnez-moi, après tant de citations, de me citer moi-même : « Depuis la Marne, il n'y a plus de Sedan ! »

TABLE DES MATIÈRES

53 — Imp. Art. « Lux », 131, boul. St-Michel, Paris

" PAGES ACTUELLES "

1914-1916

Nouvelle collection de volumes in-16 — Prix : 0 fr. 60

N° 81. **La Défense de l'Esprit français,** par René DOUMIC, de l'Académie française.

N° 82. **La Représentation nationale au lendemain de la paix.** *Méditations d'un Combattant.*

Nos 83-84. *Une Victime du Pangermanisme.* **L'Arménie martyre,** par l'Abbé Eug. GRISELLE.

N° 85. **Les Mitrailleuses,** par Francis MARRE.

N° 86. **France et Belgique.** Ce que les Allemands voulaient faire des pays envahis. Ce que nous ferons d'eux, par M. DES OMBIAUX.

N° 87. **Lettres d'un soldat,** par Léo LATIL (1890-1915).

N° 88. **La place de la Guerre actuelle dans notre Histoire nationale,** par Camille JULLIAN.

N° 89. **Du Subjectivisme allemand à la Philosophie catholique,** par Mgr DU VAUROUX, évêque d'Agen.

N° 90. **« Kultur » et Civilisation,** par George FONSEGRIVE.

N° 91. **Angleterre et France,** *Fraternité en guerre, alliance dans la paix,* par Sir Thomas BARCLAY.

N° 92. **La Hongrie d'hier et de demain,** par André DUBOSC.

N° 93. *Un peuple en exil.* **La Belgique en Angleterre,** par Henry DAVIGNON.

N° 94. **Les armes déloyales des Allemands,** par Francis MARRE.

N° 95. **Toute la France pour toute la guerre,** par Louis BARTHOU.

Nos 96-97. **Le Jugement de l'Histoire sur la Responsabilité de la Guerre,** par Tommaso TITTONI.

N° 98. **Le Paradoxe célèbre de Joseph de Maistre sur la Guerre,** par Clément BESSE.

N° 99. **Quatre Discours et une Conférence,** par Adrien MITHOUARD.

---

699. — Imp. Art. « Lux », 131, boul. Saint-Michel, Paris

www.ingramcontent.com/pod-product-compliance
Lightning Source LLC
LaVergne TN
LVHW010037230826
846091LV00005B/1743